Collection de M. T..... du CHATELARD

TABLEAUX ANCIENS

CONDITIONS DE LA VENTE

Elle aura lieu au comptant.

Les acquéreurs paieront *cinq pour cent* en sus des prix d'adjudication.

Paris. — Imprimerie Georges Petit, 12, rue Godot-de-Mauroi. — 9036-00.

CATALOGUE

DE

TABLEAUX ANCIENS

DES ÉCOLES

ESPAGNOLE, FLAMANDE, FRANÇAISE
ET HOLLANDAISE

COMPOSANT

La Collection de M. T..... du Chatelard

ET DONT LA VENTE AURA LIEU

HOTEL DROUOT, Salles Nos 7 et 8

Le Lundi 26 Mars 1900

A 2 HEURES 1/2

Mr PAUL CHEVALLIER	M. GEORGES SORTAIS
COMMISSAIRE-PRISEUR	PEINTRE-EXPERT
10, rue de la Grange-Batelière, 10	4, rue de Mogador, 4

Chez lesquels se trouve le Catalogue.

EXPOSITIONS

PARTICULIÈRE : *Le Samedi 24 Mars 1900, de 1 heure 1/2 à 6 heures.*
PUBLIQUE : *Le Dimanche 25 Mars 1900, de 1 heure 1/2 à 6 heures.*

PRÉFACE

Quelque intérêt que nos contemporains prennent à l'art moderne, soit qu'ils aient la sensation plus vive de l'expression esthétique née de leur époque, soit qu'ils aient été les témoins des luttes dont le triomphe de ces expressions fut l'occasion, nous ne pourons nous empêcher de goûter une joie intense à la vue des tableaux anciens, lorsque surtout ces tableaux sont d'une qualité rare, et d'un état de conservation qui prouve qu'on les a tenus à l'abri des mains des barbares.

C'est bien le cas de la collection ici décrite, collection constituée par un amateur des plus délicats. Ainsi qu'on en pourra juger par les œuvres décrites plus loin, les tableaux ici réunis témoignent d'un sens particulièrement éveillé des choses de l'art, et d'un goût très affiné. L'école hollandaise et l'école flamande y sont représentées par des morceaux vraiment exquis, tels le Hallebardier gardant des trophées, *de Gérard Dow, cet homme d'armes d'une si curieuse enveloppe, d'une si belle santé de peinture, d'un arrangement si heureux, d'une distribution si éclatante de lumière; tels encore des tableaux de Téniers,* le Passage du bac *; de Neren, qui égale son maître Miéris, dans son tableau* le Sevrage du Prince, *de Van de Velde, de Karel Dujardin, de Van Herp et Van Kessel, de Jean Weenix, etc.*

On ne se lasse pas d'admirer ces paysagistes et ces intimistes : ici, c'est une synthèse admirable, à l'aide de laquelle, en un coin de nature mouillé par un canal, le peintre sait nous raconter toute la Hollande, avec ses pâturages riches, ses constructions pittoresques, ses moulins aux ailes sombres qui se dressent sur l'écran du ciel attendri, sa navigation fluviale, d'un caractère si spécial, et ses étés blonds, et ses hivers qui semblent créés pour laisser dormir, sous l'épaisse et solide couche de glace, le flot aux petites vagues tumultueuses, et pour permettre aux traîneaux et aux patineurs de s'en donner à cœur joie. Là, c'est la vie contemplée au coin de l'âtre, tout éclairé des bûches qui pétillent, la vie analysée en ses aspects gais, avec l'art de dépenser le temps en joviales beuveries, tandis que les cartes s'échappent des doigts, et que le petit charbon grésillant entretient le feu sur le fourneau des longues pipes de terre. Ce sont là des épisodes toujours les mêmes, mais toujours renouvelés d'une verve intarissable, d'un art également habile à toutes les finesses, à toutes les franchises, robuste et fort, spirituel et naïf, ne demandant ses éléments de signification qu'au spectacle des choses réelles, et par cela même, parce que les artistes qui se contentaient de cet idéal ont été des peintres et n'ont voulu être que des peintres, forçant notre esprit à une évocation d'humanité palpitante de vérité, à travers les siècles.

L'on comprend, quand on regarde les œuvres ici cataloguées, le plaisir qu'éprouva M. T..... du Chatelard à les réunir, le plaisir plus vif encore qu'il connut à vivre avec elles en un commerce quotidien d'interrogation et d'admiration. Quel champ énorme offrait à son observation, pour parler d'autres morceaux de cette jolie galerie, sa Sainte Famille, *son* Portrait de femme âgée, *de Chardin, sa figure costumée à l'orientale de Fragonard, son admirable portrait de femme de Miereveld, un autre très beau portrait de Simon Lustyghuys, le gentilhomme de Jan Ravestein, etc., en résumé une quarantaine de beaux spécimens des écoles flamande et hollandaise.*

D'ailleurs, à quoi bon insister? Les œuvres d'elles-mêmes parleront mieux que tout commentaire. Et si, pour ceux qui étaient accoutumés de visiter la collection de M. T..... du Chatelard, il y a quelque tristesse à en voir disperser ce qui était son rayonnement délicat, il y aura, par contre, de vives satisfactions pour les collectionneurs, qui s'en disputeront les trophées au feu des enchères.

L. Roger-Milès.

TABLEAUX ANCIENS

BAROCCI

FEDERICO, DIT FIORI

Né à Urbino, 1528-1612.

1 — *Jésus appelant à lui les petits enfants.*

Toile. Haut., 39 cent.; larg., 51 cent.

BERGEN

THIERRY VAN

Né à Haarlem, 1645-1689.

2 — *Le Gué.*

Toile. Haut., 39 cent., larg., 53 cent.

BLOEMEN

(JEAN-FRANÇOIS, DIT ORIZONTE)

1662-1740.

3 — *Halte de Paysans.*

Toile. Haut., 91 cent.; larg., 72 cent.

BOUTON

(CHARLES-MARIE)

Né à Paris, 1781-1853

4 — *Intérieur de Cloitre.*

Toile. Haut., 30 cent., larg., 36 cent.

VAN BREDAEL

PIERRE

5 — *Le Retour du Marché.*

A droite, près de la fontaine, une lavandière ; un maréchal-ferrant boit de l'eau dans une écuelle. Près de lui, des vaches, des bœufs et des taureaux se soucient peu des gens qui vont les conduire et discutent entre eux de leurs acquisitions. Au premier plan, une fermière est en train de traire une chèvre.

A gauche, au devant d'un monument de pierre, voici venir, montés sur des ânes, des hommes et des femmes conduisant leurs troupeaux et s'égayant de la chanson des guitares et des binious. Des constructions occupent les plans secondaires, tandis qu'au fond, sous un ciel illuminé, les montagnes apparaissent nimbées d'atmosphère diaphane.

Signé et daté à gauche, en bas.

Toile. Haut., 70 cent. ; larg., 8[illegible] cent.

BREYDEL

CHARLES, DIT LE CHEVALIER

Né à Anvers 1677-1744.

6 — *Départ pour la Chasse.*

Des amazones et des cavaliers en riches costumes s'en vont à la chasse avec leur personnel de piqueurs, de fauconniers, de paysans et de chiens.

Toile. Haut., 53 cent. ; larg., 64 cent.

CHARDIN

(SIMON-JEAN-BAPTISTE)

Né à Paris, 1699-1777.

7 — *Portrait de Femme.*

Elle est vue jusqu'à mi-corps, le visage presque de face : un bonnet blanc encadre ses joues roses et par-dessus son bonnet blanc elle a ramené les plis souples d'une capeline brune.

Panneau. Haut., 62 cent.; larg., 45 cent.

Chardin

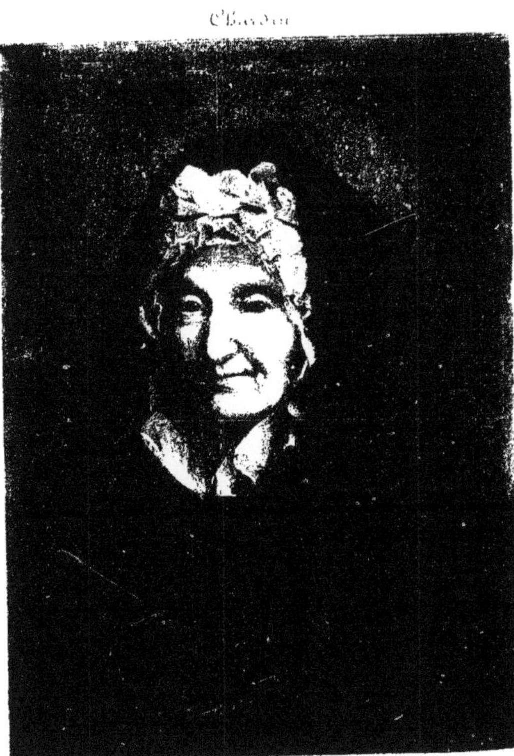

Portrait de femme

COCHIN

(CHARLES-NICOLAS)

Né à Paris, 1715-1790.

8 — *La Victoire.*

Projet de frontispice en l'honneur de Marie-Charles-Léon d'Albert, duc de Luynes et de Chevreuse, colonel général des dragons et gouverneur de Paris.

Allégorie.

Toile. Haut., 64 cent.; larg., 51 cent.

CRAMER

(N.)

Né à Leyde, 1670-1710.

9 — *Le Prêche.*

Dans la cathédrale aux murs de pierre blanche, à droite, un moine est en chaire et prêche; au pied de la chaire, des religieuses en cape noire sont assises et écoutent. Près d'elles, différents personnages debout écoutent également.

A gauche, dans une contre-nef, des religieux sont assis à un banc d'œuvre.

Au milieu, sur les dalles de marbre disposées en damier, un chien est assis.

Signé au centre, dans le bas.

Panneau. Haut., 22 cent.; larg., 27 cent. 1/2.

VAN DAEL

(ATTRIBUÉ A)

10 — *Vase de Fleurs.*

Panneau. Haut., 60 cent.; larg., 50 cent.

DEKKER

(CORNEILLE)

Mort en 1678.

11 — *Le Petit Pont.*

Abrité sous les arbres qui bordent la rive, dans un site agreste, le petit pont est jeté sur le ruisseau dont l'eau frissonnante entraîne les reflets du ciel ensoleillé.

A droite, à travers bois, un petit chemin serpente, que suit un cavalier monté sur un cheval noir et vêtu d'une cape rouge.

A gauche, au-devant d'une ferme qui apparaît à travers les branches, une petite paysanne va s'engager sur le pont.

Au fond, à droite, à travers les nuages gris, le soleil laisse filtrer des stries de lumière.

Panneau. Haut., 48 cent.; larg., 62 cent.

Gérard Dov

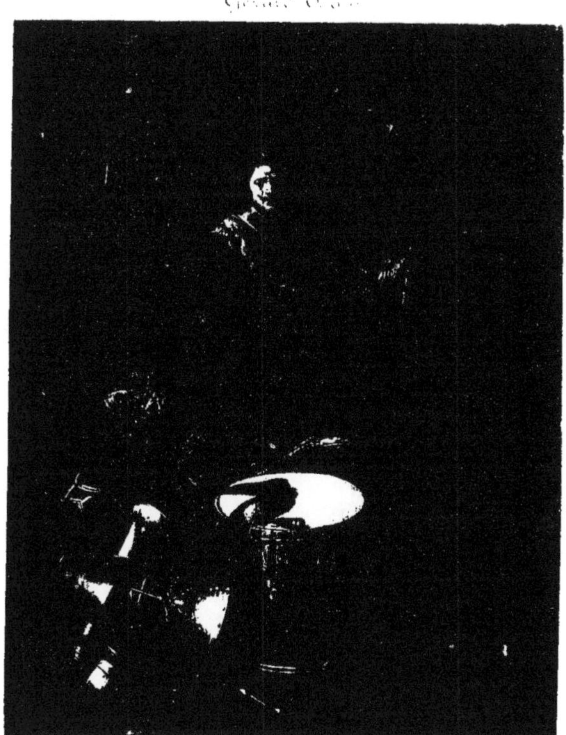

Le Hallebardier

DOW

(GÉRARD)

Né à Leyde, 1613-1675.

12 — *Le Hallebardier.*

Debout, la tête de trois quarts à droite, il est coiffé d'une toque à plumes et tient de la main gauche, le bras à demi allongé, une lance, tandis que sa main droite s'appuie à la hanche. Sur le devant, à ses pieds, dans un désordre qui est réglé avec beaucoup d'art, des instruments de guerre, casques, pistolets, canons, boulets, selle et harnachement de cheval d'armes et beaucoup d'autres, qui permettraient d'étudier tout l'armement des soldats de cette époque, sont gardés par le hallebardier dont la belle prestance est majestueuse.

Très belle peinture dans la manière de Rembrandt.

Panneau. Haut., 65 cent. 1/2 ; larg., 51 cent. 1/2.

Collection Nicholson.

LE DUCQ

(JEAN)

Né à La Haye, 1636.

13 — *Ulysse et Circé.*

« ... Circé habitait l'île d'Æaea, où Ulysse fut jeté. Ses compagnons qu'il envoya pour explorer le pays goûtèrent du breuvage magique que Circé leur offrit et furent sur le champ métamorphosés en pourceaux, à l'exception d'Eurylochus, qui porta cette triste nouvelle à Ulysse. Ce dernier, ayant reçu de Mercure l'herbe appelée *moly*, qui rendait vains tous les enchantements de la magicienne, put boire impunément le fatal breuvage et forcer Circé à rendre à ses compagnons leur première forme... » (*Mythologie et Biographie anciennes*, par N. Theil.)

Panneau. Haut., 58 cent.; larg., 88 cent.

DUJARDIN

(KAREL)

Né à Amsterdam, 16[illegible] 1678.

14 — *Allégorie de la Paix.*

La Paix, sous les traits d'une jeune femme, est assise sur un canon muet et, de son pied, elle foule une cuirasse et des armes ; elle presse contre sa poitrine, du bras gauche, une corne d'abondance et tient de la main droite levée un rameau d'olivier en fleurs. Au-dessus d'elle plane, dans la nuée, une figure de la Renommée qui porte, au-dessus du front de la Paix, une couronne de laurier.

A droite, deux amours volent également, portant le caducée de l'industrie féconde et la torche allumée de l'amour.

Signé à gauche, en bas.

Toile. Haut., 1 m. [illegible]; larg., 1 m. [illegible].

DUJARDIN

(KAREL)

15 — *Le Passage du Gué.*

Dans un site agreste, une paysanne qui est sur un âne va traverser un gué en conduisant ses chèvres. Elle cause avec une autre paysanne qui marche dans l'eau, tenant en équilibre, sur sa tête, une corbeille.

A droite, un jeune pâtre conduit un petit troupeau de moutons. Le ciel, tout irradiant de lumière, pèse légèrement sur les cimes dentelées des collines.

Signé à droite, en bas.

Toile. Haut., 73 cent.; larg., 61 cent.

DUJARDIN
(KAREL)

16 — *Les Marchandes de Poisson.*

A la porte de la ville, qui s'ouvre à gauche et dont les constructions s'étagent en amphithéâtre au flanc d'une colline, les marchandes ont installé sommairement leur éventaire, paniers plats d'où émergent des légumes et des poissons. Une femme à grande collerette blanche est en train d'acheter.

Au fond, sur la campagne, un grand nuage dans le ciel bleu.

Signé en bas.

Panneau. Haut., 45 cent.; larg., 56 cent.

VAN DYCK
(TRÈS BONNE COPIE ANCIENNE D'APRÈS)

17 — *La Vierge et l'Enfant Jésus.*

Panneau. Haut., 29 cent.; larg., 26 cent.

VAN DYCK
(GENRE DE)

18 — *Pyrame et Thisbé.*

Toile. Haut., 75 cent.; larg., 1 m. 13.

ÉCOLE DE VAN DYCK

19 — *Diane se plaignant à Junon.*

Toile. Haut., 1 m. 67 ; larg., 1 m. 53.

ÉCOLE ESPAGNOLE

XVIIe SIÈCLE

20 — *Portrait d'homme.*

Toile. Haut., 47 cent., larg., [illegible] cent.

ÉCOLE FRANÇAISE

21 — *La Femme à la coiffe noire.*

Toile. Haut., 52 cent. ; larg., [illegible] cent.

ÉCOLE HOLLANDAISE

XVIIe SIÈCLE

22 — *L'Escaut.*

Au fond, la ville aux toitures d'ardoises et aux murs de brique. Devant, le fleuve que sillonnent des bateaux à la mâture élevée. Au premier plan, la barque du passeur porte plusieurs personnages debout et trois cavaliers à cheval. Au fond, au-dessus des constructions, on aperçoit la ligne sinueuse des collines au versant ensoleillé. Dans le ciel bleu s'envolent de grands nuages gris ourlés de lumière.

Cette œuvre est signée sur le bord du bachot du passeur. (Signature illisible.)

Panneau. Haut., 38 cent.; larg., 83 cent.

ÉCOLE HOLLANDAISE

23 — *Après la Bataille.*

Toile. Haut., 29 cent.; larg., 42 cent.

ÉCOLE HOLLANDAISE

24 — *Halte de Chasse.*

Panneau. Haut., 35 cent.; larg., 46 cent.

ÉCOLE ITALIENNE

(XVIe SIÈCLE)

25 — *Sainte Élisabeth, la Vierge, l'Enfant Jésus.*

Panneau. Haut., 20 cent.; larg., 15 cent.

ÉCOLE VIENNOISE

(XVIIIe SIÈCLE)

26 — *Portrait de Joseph II.*

Toile. Haut., 37 cent., larg., 28 cent.

VAN FALENS

(GENRE DE CHARLES

27 — ***Départ pour la Chasse.***

Panneau. Haut., 43 cent.; larg., 61 cent.

FERG

(FRANÇOIS-PAUL DE

École allemande. — 1680-1740.

28 — ***Retour du Marché.***

Au creux d'un vallon, une fermière, montée sur un cheval blanc, ramène un troupeau de moutons et un âne chargé de malles.

A gauche, au bord d'une source, quelques personnages se reposent.

Signé à gauche, en bas.

Panneau. Haut., 28 cent.; larg., 37 cent.

FRAGONARD

(JEAN-HONORÉ)

Né à Grasse, 1732-1806.

29 — *L'Homme à la toque perlée.*

Il est vu de trois quarts à droite jusqu'à mi-corps, le teint animé, la barbe et la moustache blonde. De sa main gauche relevée, il tient le bord de son manteau oriental. Il est coiffé d'une sorte de madras crème où l'on a passé des chaînes de joaillerie somptueuse ; il a même, au lobe de l'oreille, une boucle d'or et de pierreries.

Peinture dans la manière de Rembrandt.

Signé à droite, vers le milieu : *Frago.*

Toile. Haut., 55 cent. ; larg., 47 cent.

Fragonard

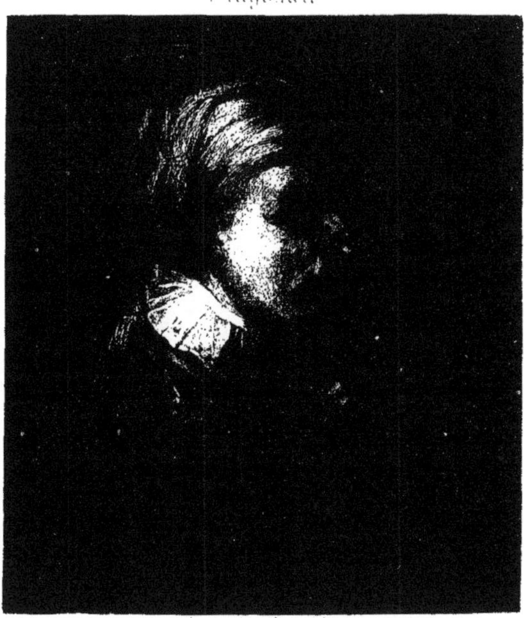

Procédé et Imp. Georges Petit

L'homme à la toque perlée

GRYF

(ADRIEN)

École flamande, XVIIe siècle.

30 — *Butin de Chasse.*

Au coin de la plaine, à l'ombre des arbres, les chasseurs ont déposé leur butin : lièvres, perdrix, faisans, etc. Un chien, vu jusqu'à mi-corps, en a la garde et suit d'un œil attentif un oiseau qui volète.

A gauche, de l'autre côté d'un pli du terrain, un chasseur est assis et cause avec ses deux chiens. Au fond, de l'autre côté de la vallée, des montagnes au-dessus desquelles plane un ciel doré par le soleil couchant.

Signé à droite, en bas.

Panneau. Haut., 19 cent. 1/2 ; larg., 25 cent.

DUMONT

Né à Bruxelles, 1650-1719.

31 — *L'Avare surpris par la Mort.*

Signé en bas, à droite.

Toile. Haut., 68 cent.; larg., 84 cent.

VAN HERP
(GÉRARD)

Né à Anvers, 1604.

VAN KESSEL
(JEAN)

Né à Anvers, 1626-1778.

32 — *Guillaume-Raymond Moncada reçoit les insignes de grand connétable de la Sicile et de grand maître de la Justice.*

Dans la salle du trône, Guillaume Moncada met un genou en terre devant le roi et reçoit des mains du roi les différents insignes des hautes dignités qui lui sont accordées. Autour d'eux, une cour brillante.

Signé, à gauche : *J.-V. Herp.*

Ce tableau est entouré d'une extraordinaire bordure de fruits, de guirlandes de fleurs, d'armes, de drapeaux, etc., au milieu desquelles se trouvent les armoiries de la famille Moncada. En haut, cette légende : *Guilielmus Raymundus.*

En bas :

Moncata
Hujus nominis III auguste comes
Magne Sicilie connestabilis ac magister justitie....
Sumit insignia.

Peinture d'une remarquable fraîcheur et dans un bel état de conservation.

Cuivre. Haut., 54 cent., larg., 68 cent.

Van Heep et Van Kessel

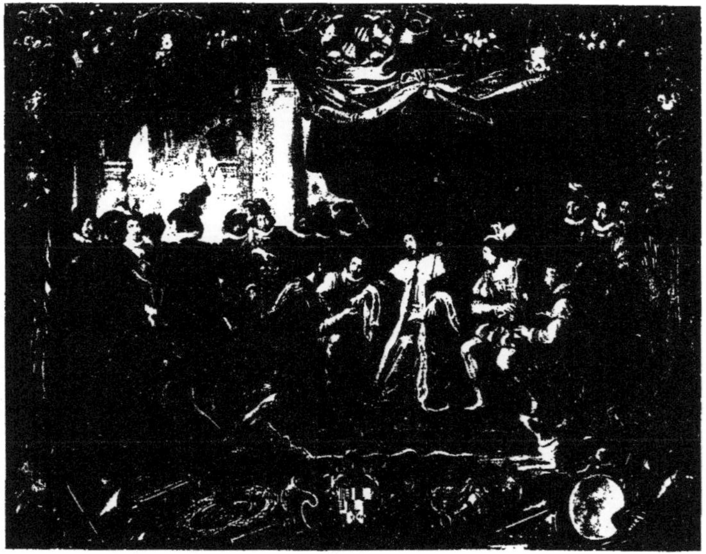

[illegible] Raymond Menendez reçoit les insignes
de Grand Connétable de la Justice

HOBBÉMA

ÉCOLE DE MINDERHOUT

33 — *L'Orée du Bois.*

Panneau. Haut., 44 cent. 1/2 ; larg., 61 cent.

LUSTICHUYS

(SIMON)

Mort en 1656.

34 — *En Chaire.*

Le professeur est debout, vêtu de noir, la main gauche à la hanche, dissimulée sous les plis d'un ample manteau que retient la main droite, le bras ployé. Les cheveux, à perruque ondulée, encadrent le visage plein aux pommettes roses. Le nez est volontaire, la lèvre supérieure porte une fine moustache, les yeux grands ont une lumière d'intelligence. La collerette blanche est bordée d'une guipure que le peintre a exécutée avec une extraordinaire virtuosité. La main, que nous signalions plus haut, émerge d'une chemise blanche, dont le jabot souple est replié sur le poignet. L'annulaire porte une bague d'or au chaton enrichi d'une pierre précieuse. Le second doigt est allongé pour un signe de démonstration. Derrière l'homme, une draperie rouge dont le coin se relève, à droite, sur un fond de ciel bleu chargé de nuages gris.

Les œuvres de ce peintre sont très rares.

Signé à gauche, en bas : *S. Lustichuys fecit anno 1656.*

Haut., 1 m. 12 cent.; larg., 38 cent.

MAGNASCO

Né à Gênes, 1690-1747.

35 — *Sainte Famille.*

Dans un paysage montagneux et aux arêtes brûlantes, au bas d'une cascade, la Vierge assise tient près d'elle l'Enfant Jésus, tandis qu'agenouillé près de lui un vieillard s'incline et lui va baiser la main. A gauche, en aperçoit un ange tirant hors de l'ombre un âne. Au fond, sur la pente des montagnes, quelques villages sont construits. De grands nuages de lumière planent dans le ciel d'un bleu profond.

Toile. Haut., 93 cent.; larg., 70 cent.

MEYNIER

(CHARLES)

Né à Paris, 1768-1832.

36 — *Minerve, protectrice des Arts.*

A droite, sur une nuée, Minerve, drapée de bleu et de pourpre, la tête coiffée du casque à cimier de plumes blanches. La main gauche, appuyée à un sceptre, étend la main en un geste de protection, vers trois figures envolées devant elle, qui symbolisent la Peinture, la Sculpture et l'Architecture. Au-dessus de ces figures, plus haut dans le ciel, une femme tend aux Arts des branches de laurier, et un génie ailé porte des armes et un bouclier.

Toile. Haut., 49 cent.; larg., 61 cent.

MIEREVELT

(MICHEL-JEAN)

Né à Delft, 1567-1641.

37 — *Portrait d'une femme de qualité.*

Debout, vue jusqu'à mi-jambes, de trois quarts à gauche. Elle est vêtue d'une robe de velours brun brodé, le corsage à pointe, la robe à vertugade ; les deux poignets sont garnis de dentelle. Le col est pris dans une ample fraise blanche aux tuyautés rigides. Sous la coiffure empesée, en dentelle blanche transparente, on aperçoit la coiffe hollandaise qui retient les cheveux châtain clair, relevés et agrémentés d'un bijou. Un petit collier d'or joue sur la fraise. Le corsage est fermé par une rangée de boutons d'or à boutonnières multiples. La saillie de la vertugade est marquée par une chaîne d'or retenue sur le ventre par un bijou. Cette jeune femme tient à la main droite une boîte à parfums en joaillerie, et de la main gauche des gants au crispin garni de dentelle. Elle a les poignets ornés de bracelets d'or et ses doigts portent des bagues. Le visage est d'un ovale gracieux, les yeux calmes, la bouche fine.

A gauche, vers le milieu : *1629, ætatis suæ 24.*

Panneau. Haut., 1 m. 22 ; larg., 79 cent. 1/2.

Mierevelt

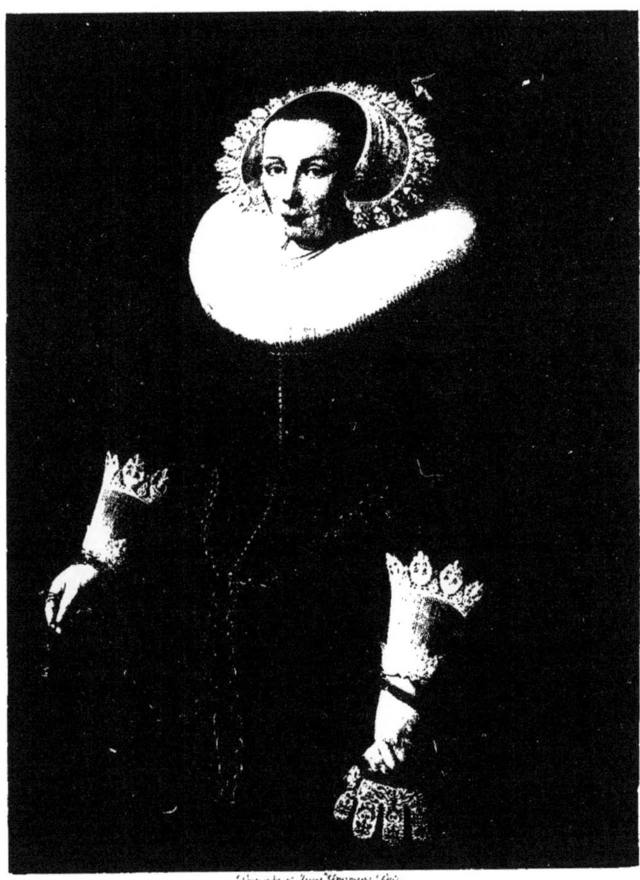

Portrait d'une femme de qualité

MIEREVELT

(ÉCOLE DE MICHEL-JEAN)

38 — *Portrait d'homme.*

En pourpoint noir, colleté d'une fraise.
Signé d'un monogramme, à gauche.

Haut., 70 cent.; larg., 55 cent.

VAN MOLL

39 — *Le Christ en Croix.*

Il est attaché sur la croix, la tête rayonnant de lumière; derrière lui, dans la nuée, des anges chantent l'Hosannah. Au pied de la croix, Madeleine étreint les pieds du Crucifié dans un geste d'angoisse passionnée. A droite, la Vierge debout écarte les mains dans un geste d'abandon. Saint Jean contemple, les yeux baignés de larmes. A gauche, le centurion à cheval veille sur sa victime. Près de lui se tient un porte-étendard et l'homme qui présente l'éponge.

Signé à gauche, en bas : *V. M. C. P.*

Panneau. Haut., 62 cent.; larg., 45 cent.

NATTIER

(ÉCOLE DE JEAN-MARC)

40 — *Portrait de jeune femme.*

Toile. Haut., 53 cent.; larg., 43 cent.

NEVEU OU NAIVEU
(MATHIEU)

Né à Leyde, 1647-1721 (?).

44 — *Le Serrage du Prince.*

Au milieu d'une salle de palais avec décor somptueux, une dame en falbalas coquets offre le sein à un enfant qui n'y semble plus attiré. Près de la jeune mère, une servante lui présente des rafraîchissements. A gauche, devant l'enfant, un jeune garçon, assis sur un berceau, cherche à amuser le nourrisson. Dans une pièce voisine, par une porte ouverte, on aperçoit de jeunes seigneurs et une jeune femme en train de leur montrer une étoffe. A droite, derrière la jeune mère, une tapisserie représente une scène de bataille.

Peinture d'une qualité rare, où l'élève de Mieris a atteint les qualités de son maître.

Panneau. Haut., 70 cent.; larg., 56 cent. 1/2.

(*Collection Nicholson*)

Neven ou Naiven

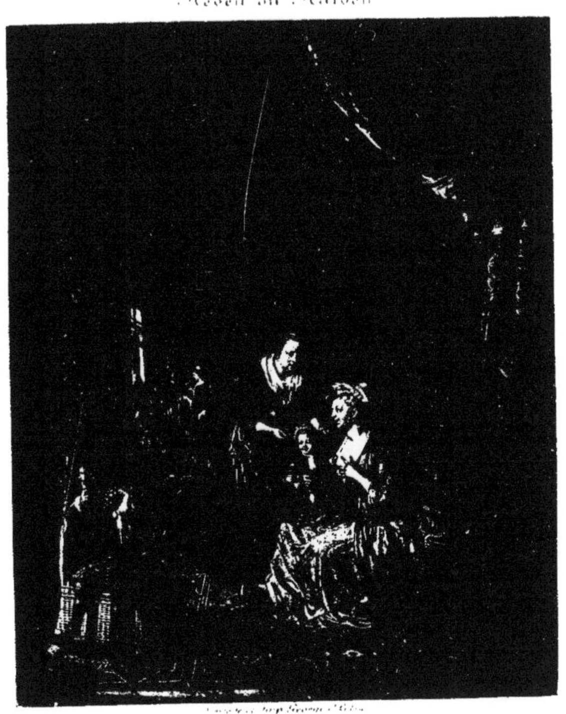

Le Sevrage du Prince

OUDRY

(JEAN-BAPTISTE)

Né à Paris, 1686-1755.

42 — *A l'Orée du bois.*

A gauche, un champ, dont le terrain est quelque peu mouvementé. A droite, l'entrée du bois, marquée par un chêne, au tronc fendu et aux branches abîmées par l'orage.

Au pied de l'arbre, quelques moutons; puis un âne chargé de son bât.

A gauche, un bœuf blanc, tacheté de noir.

Ciel bleu où volent des nuages blancs.

Signé à gauche, en bas et daté : *1742*.

Toile. Haut., 80 cent.; larg., 63 cent.

PANINI

(JEAN-PAUL)

Né à Plaisance, 1692-1765.

43 — *Pyramide de Sextius.*

Toile. Haut., 76 cent.; larg., 62 cent.

POORTER

(GUILLAUME DE)

Né à Haarlem, XVIIe siècle.

44 — *Le Conquérant.*

Assis sur un trône, tenant un sceptre de la main droite, vêtu d'une chlamyde de velours vert brodé laissant à découvert la cuirasse et portant une couronne de lauriers sur le front; à ses pieds, un globe posé sur un coussin. A sa droite, sur un balustre, une couronne impériale fermée, des chaines, etc. Une figure, du même côté, tient une masse symbolique. Derrière, une autre figure tient au-dessus de la tête du conquérant une couronne de chêne. Au pied du trône, un homme renversé symbolise la défaite et un autre, aux vêtements en désordre et les mains enchainées derrière le dos, signifie le crime puni. A gauche, un rayon de lumière frappe vivement une armure.

Panneau. Haut., 42 cent.; larg., 34 cent.

Van Ravestein

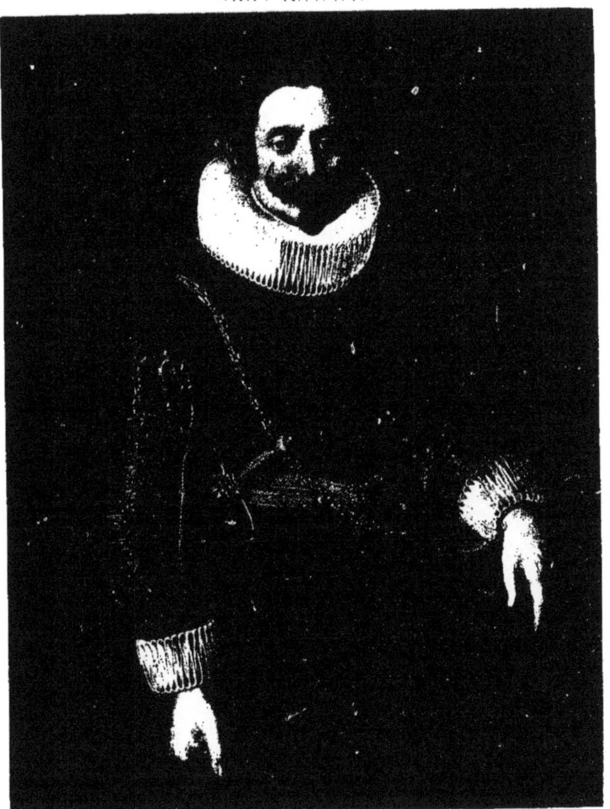

Portrait d'homme

VAN RAVESTEIN

(JEAN)

Né à La Haye. 1580-1657.

45 — *Portrait d'homme.*

Debout, en pourpoint de velours noir aux manches brodées d'or, le col pris dans une fraise haute aux tuyautés rigides comme le sont les manchettes ; il tient son chapeau de la main droite et s'appuie, de la main gauche, au pommeau de sa longue épée. Son ceinturon de tissu d'or porte à droite une courte rapière. Une chaîne d'or passe sur l'épaule droite et descend sur la hanche gauche.

A gauche, en haut, on lit : *Ætatis 43 anno 1627*. Il est possible que ce soit là le portrait du peintre dans un costume de parade pour un cortège historique.

Belle tonalité, dans la manière de Van Dyck.

Toile. Haut., 1 m. 10 ; larg., 81 cent.

REMBRANDT
(GENRE DE)

46 — *Méditation.*

Toile. Haut., 1 m. 13 ; larg., 85 cent.

RESTOUT
(JEAN)
Né à Rouen, 1692-1768.

47 — « *Sinite parvulos venire ad me.* »

Toile. Haut., 36 cent.; larg., 32 cent.

RIBALTA
(FRANÇOIS DE)
Né à Castellon de la Plana, 1551-1628.

48 — *Bacchus et Cérès.*

Toile. Haut., 1 m. 67 ; larg., 1 m. 39.

SEGHERS
(DANIEL)
Né à Anvers, 1590-1601.

49 — *Sainte Famille.*

Dans un cadre de pierre aux moulures fleuries de tulipes, de marguerites, de roses et d'autres calices épanouis, on aperçoit un petit paysage planté d'arbres, au milieu duquel se trouve un saint Joseph conduisant l'âne par la bride, un Enfant Jésus, la tête rayonnante de lumière divine, et une Vierge en costume flamand de la fin du XVIe siècle.

Panneau. Haut., 90 cent.; larg., 72 cent.

VAN SPAENDONCK

(CORNEILLE)

Né à Tilburg, 1756-1840.

50 — ***Des Fleurs et des Insectes.***

Toile. Haut., 58 cent., larg., 48 cent.

VAN STRY

(JACQUES)

Né à Dordrecht, 1756-1815.

51 — ***Pâturage.***

Dans un pré, au bord d'un lac qu'on aperçoit à droite, au fond, des vaches debout ou couchées paissent et ruminent.

A gauche, sur un pli de terrain, des ruines. Dans le ciel bleu, des nuages blancs ourlés de lumière planent légers et diaphanes.

Signé à droite, en bas : *V. Stry.*

Panneau. Haut., 80 cent.; larg., 96 cent.

TÉNIERS LE JEUNE

(DAVID)

Né à Anvers, 1610-1690.

52 — *Le Passeur.*

Le bachot du passeur va s'éloigner. Déjà on y voit une paysanne portant une cruche de cuivre, une vieille bergère avec ses cinq moutons, puis la Vierge et l'Enfant Jésus avec le bœuf. Saint Joseph est debout qui s'efforce vainement d'y faire monter l'âne. Un jeune garçon a beau lui caresser la croupe à coups de trique, maître Aliboron résiste et laisse entendre qu'il n'a pas le pied marin.

A droite, en haut d'une montagne, on aperçoit un château fortifié.

Signé au milieu, en bas.

Toile. Haut., 59 cent.; larg., 74 cent. 1/2.

Téniers le jeune

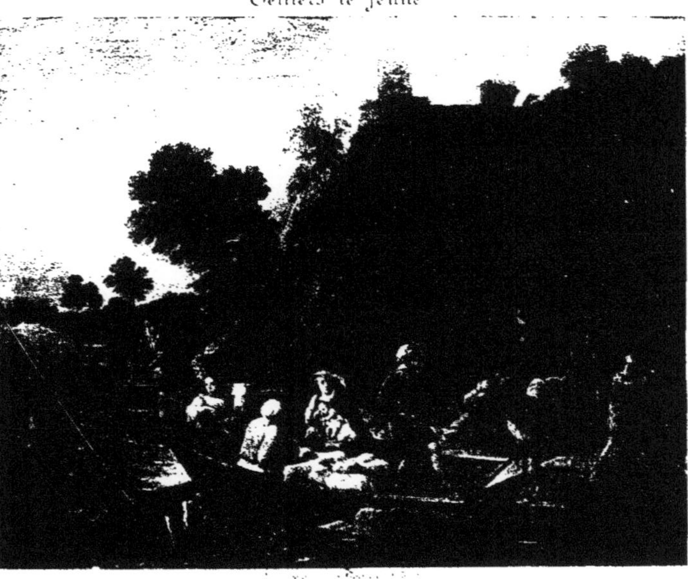

TÉNIERS LE JEUNE

DAVID

53 — *La Partie de piquet.*

Tous deux sont assis en face l'un de l'autre, leurs cartes à la main, la lèvre souriante chacun pour le coup qu'ils préparent. Celui de gauche est vêtu d'une tunique bleue et coiffé d'une casquette grise. Celui de droite a des manches jaunes et il est coiffé d'un grand feutre déformé au côté duquel il a piqué une plume.

Au fond, un fumeur debout assiste à la partie avec un intérêt marqué. Dans l'ombre, du même côté, un joueur s'est écarté et tourne le dos au public... par pudeur.

Signé du monogramme, à gauche, en bas.

Panneau. Haut., 25 cent.; larg., 20 cent.

VALKENBURG

(THIERRY)

Né à Amsterdam, 1675-1721.

54 — *Un Dessert.*

Sur une table de marbre, éparpillés en des plats de porcelaine, des raisins, des pêches, des poires, un melon, une bouteille, un verre, une flûte à demi pleine de vin rose. Dans un panier, à droite, une pomme et une poire.

Au fond, un parc et une pièce d'eau au bord de laquelle se dressent des statues reliées par des hémicycles de pierre.

Signé à droite, vers le milieu.

Haut., 80 cent.; larg., 96 cent.

VINCI

(ÉCOLE DE LÉONARD DE)

55 — *Sainte Famille.*

La Vierge est assise, vêtue de draperies rouges et bleu foncé, le col dégagé d'une draperie bleu de ciel. Une mousseline transparente lui couvre les cheveux séparés en bandeaux sur le front ; elle tient sur ses genoux l'Enfant Jésus, nu, qui de ses deux mains caressantes cherche, dans son corsage, la place nourricière.

A droite, saint Joseph debout admire l'enfant. Il est penché en avant. Il est vêtu de draperies brunes, le bras gauche, la main appuyée à un long bâton, est vêtu d'une manche blanche.

Belle peinture attribuable à Bernardino Luini.

Le musée de Saint-Pétersbourg possède un sujet semblable, peint par Léonard de Vinci ; on y remarque un personnage en plus et un changement dans les plis de la robe de la Vierge.

Panneau. Haut., 74 cent.; larg., 61 cent.

VAN VITELLI

(GASPARD)

Né à Utrecht, 1647-1736.

56 — *Une place à Rome.*

Toile. Haut., 37 cent.; larg., 52 cent.

WEENIX

JEAN-BAPTISTE

57 — *Promenade sur le port.*

A gauche, des murs en ruine dressent leur fière silhouette sur le fond du ciel d'azur ensoleillé. A droite, au fond, la mer et quelques vaisseaux aux voilures gonflées. Dans les premiers plans, des figures assises ou debout marchant, causant : quelques hommes conduisant des ânes chargés de leur bât. Un chien est vu de profil, arrêté devant son maître, qui près de lui a déposé son fusil de chasse. A droite, au fond, sur le quai, on voit passer un carrosse.

Signé à droite, en bas.

Panneau. Haut., 32 cent.; larg., 40 cent.

WEENIX

(JEAN BAPTISTE)

Né à Amsterdam, 1640-1719.

58 — *Le Gibier.*

Au pied d'un vase, dans un parc, on a déposé un lièvre, un faisan, des perdrix et des fruits. Au fond, à gauche, on aperçoit un bassin, puis une allée d'arbres conduisant à un palais. Au commencement de l'allée, se trouvent des statues de Dieux Termes et son milieu est marqué par un autre bassin.

Peinture dans la plus belle manière du maître.

Signé à droite, en bas.

Toile. Haut., 99 cent.; larg., 80 cent. 1/2.

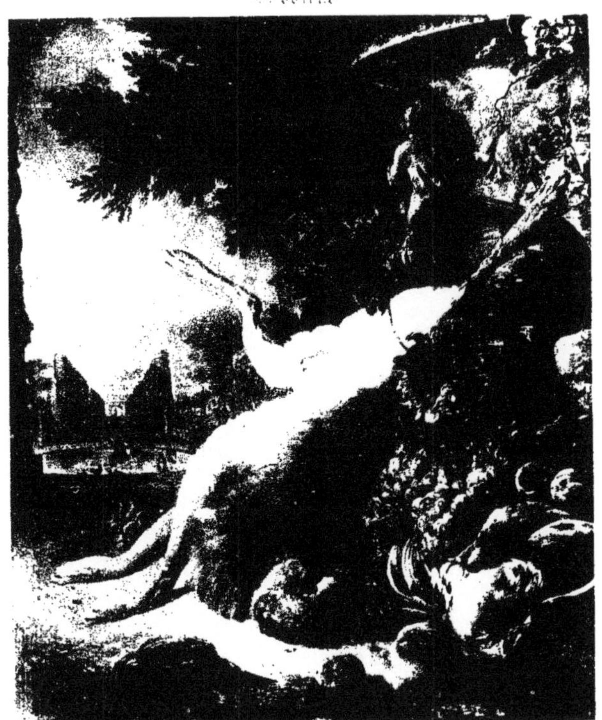

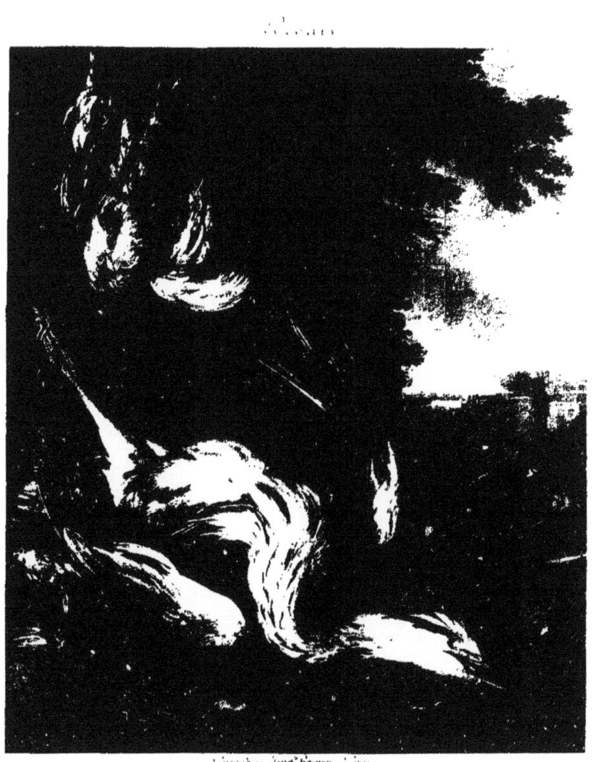

WEENIX

(JEAN-BAPTISTE)

Né à Amsterdam, 1640-1719

59 — *Après la chasse.*

Dans un coin de parc, on a disposé tout le butin de la chasse. A droite, au fond, un magnifique bassin entouré de décorations architectoniques; puis, au lointain, le ciel embrasé de soleil couchant.

Ce tableau est le pendant du précédent.

Signé à droite, en bas.

Toile. Haut., 99 cent.; larg., 80 cent. 1/2.

VAN DE VELDE
(ADRIEN)

Né à Amsterdam, 1639-1672.

60 — *Canal en Hollande.*

A droite et au premier plan, le sol empierré, des arbres abattus, puis un arbre au tronc mort et aux branches desséchées ; puis des herbes jaunies. Au bord du canal un homme est assis, vu de dos. A gauche, au milieu du canal dont la surface est glacée, un homme court poussant devant lui un traineau. Au fond, quelques moulins dressent vers le ciel tout illuminé leurs bras immobiles.

On sent que l'hiver souffle des brises glacées dans ce coin de terre, mais le soleil met des gaîtés énormes dans cette froidure et cette tristesse.

A fait partie de la *Collection Rothan.*

Panneau. Haut., 31 cent.; larg., 41 cent.

VERBRUGGEN LE JEUNE

GASPARD-PIERRE

Né à Anvers, 1664-1730

61 — *Fleurs dans un vase.*

Au milieu d'une gerbée de fleurs aux tons éclatants, un bas-relief met les sonorités atténuées de sa matière froide.

Signé à gauche, en bas.

Toile. Haut., 1 m. 14 ; larg., 83 cent.

VERBRUGGEN LE JEUNE

(GASPARD-PIERRE)

62 — *Gerbe de fleurs.*

Émergeant d'une touffe embroussaillée, des fleurs, tulipes, pivoines et autres, dressent leurs calices épanouis.

Signé à gauche, en bas.

Toile. Haut., 1 m. 15, larg., 94 cent.

VICTORS

(JEAN)

Né à Amsterdam, 1650.

63 — *La Fête des Rois.*

On a tiré les rois. Toute la tablée a bu fréquemment au petit roi qui est assis à gauche et tient un verre qu'il vient de mettre dans la main de la voisine choisie pour reine. Pour les réjouir, un jeune galant s'offre à danser un pas avec une jeunesse qui a peine à se lever de sa place. A droite, un ménétrier, debout sur un banc, râcle une danse sur son violon, et par toute la tablée ce sont des couples qui se cherchent les lèvres. A gauche, le vieux père, qui n'a plus que cette joie, tient un verre plein qu'il va déguster en gourmet. A gauche, au fond, on a tendu une draperie qui porte en papier des couronnes royales.

Signé sur le banc, à gauche.

Toile. Haut., 87 cent.; larg., 68 cent.

WERF

(ADRIEN VAN DER)

Né à Kralingen-Ambacht, 1659-1722.

64 — *Le Crucifié.*

Panneau cuivre. Haut., 46 cent.; larg., 32 cent.

WITTE

(GASPARD DE)

Né à Anvers, 1624-1680.

65 — *Paysage.*

Toile. Haut., 2 m. 09; larg., 1 m. 79.

www.ingramcontent.com/pod-product-compliance
Ingram Content Group UK Ltd.
Pitfield, Milton Keynes, MK11 3LW, UK
UKHW020348180726
13839UKWH00002B/986